Vente les 12, 13, 14 et 15 Mars 1873

PAR SUITE DU DÉCÈS DE Mme P*** (Pembroke)

TABLEAUX ANCIENS

DIAMANTS, BIJOUX

PORCELAINES ANCIENNES DE SÈVRES, DE SAXE ET DE CHINE
BRONZES, MEUBLES, TENTURES

OBJETS D'ART

EXPOSITIONS
- PARTICULIÈRE : le Lundi 10 Mars 1873,
- PUBLIQUE : le Mardi 11 Mars 1873.

COMMISSAIRE-PRISEUR :

Me ESCRIBE, rue de Hanovre, n° 6

EXPERTS :

POUR LES TABLEAUX

M. HARO

rue Visconti, n° 14.

POUR LES OBJETS D'ART

M. CHARLES MANNHEIM

rue Saint-Georges, n° 7.

PARIS — 1873

Vᵉ RENOU, MAULDE et COCK

IMPRIMEURS DE LA COMPAGNIE DES COMMISSAIRES-PRISEURS

Rue de Rivoli, 144.

CATALOGUE

D'UNE COLLECTION REMARQUABLE

DE

TABLEAUX ANCIENS

PAR

CHARDIN, DROUAIS, LANCRET, NATOIRE, NATTIER, PATER
TÉNIERS, DE TROY, BACKUYSEN, ETC.

Diamants; Colliers de perles; Bijoux; Tabatières; Bonbonnières;
Miniatures; Orfévrerie de table; belles Porcelaines de Sèvres et de
Saxe, telles que : vases, jardinières, pendule, lustre, groupes, etc.
beaux Bronzes d'art et d'ameublement; Statuettes en marbre, par
Falconnet; Jardinière Louis XV, garnie de plaques de Sèvres; beau
Coffre de laque; Meubles et Tentures en tapisserie; jolis Meubles
du temps de Louis XV et de Louis XVI; Objets variés.

DONT LA VENTE AURA LIEU

Par suite du Décès de Mme P***

HOTEL DROUOT, SALLE N° 8

Les Mercredi 12, Jeudi 13, Vendredi 14 et Samedi 15 Mars 1873

A DEUX HEURES

Par le ministère de Me **ESCRIBE,** Commissaire-Priseur,
rue de Hanovre, 6,

Assisté, pour les Tableaux, de **M. HARO,** Peintre-Expert,
Chevalier de la Légion-d'Honneur,
rue Visconti, 14, et rue Bonaparte, 20,

Et, pour les Bijoux et Objets d'art, de **M. CHARLES MANNHEIM,** Expert,
rue Saint-Georges, 7.

EXPOSITIONS

PARTICULIÈRE	PUBLIQUE
Le Lundi 10 Mars 1873	Le Mardi 11 Mars 1873

DE UNE HEURE A CINQ HEURES

PARIS — 1873

CONDITIONS DE LA VENTE

La vente aura lieu au comptant.
Les Adjudicataires paieront CINQ POUR CENT en sus des adjudications.

~~~~~~~~

Les Expositions mettant les Acquéreurs à même de se rendre compte de l'état des Objets mis en vente, aucune réclamation ne sera admise une fois l'adjudication prononcée.
~~~~~~~~

ORDRE DES VACATIONS

***

Le Mercredi 12 Mars 1873

A TROIS HEURES

Le Jeudi 13 Mars 1873

A DEUX HEURES

Le Vendredi 14 Mars 1873

A DEUX HEURES

Le Samedi 15 Mars 1873

A DEUX HEURES

TABLEAUX

TABLEAUX

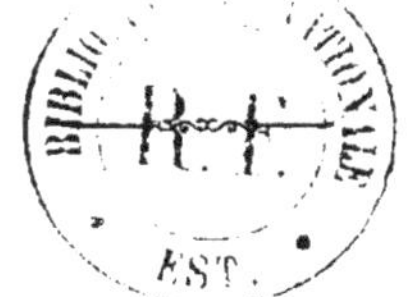

ÉCOLE FRANÇAISE

BERTHELEMY

1 — **Érigone.**

Elle est couchée dans un paysage et joue des cymbales. Un petit Satyre s'est endormi sur des raisins.

Signé, daté : 1783. Gravé.

Toile. — H. 52 c. L. 62 c.

BESCHEY

(B.)

2 — **Mars et Vénus.**

Signé à droite et daté : B. Beschey, 1745.

Bois. — H. 45 c. L. 34 c.

CHARDIN

3 — La Serinette.

Gravé par L. Cars.

Toile. — H. 50 c. L. 43 c.

CHARDIN

4 — La Gouvernante.

Malgré le Minois hipocrite　　Je gagerois qu'il prémédite
Et l'Air soumis de cet Enfant,　De retourner à son Volant.

LÉPICIÉ.

Pendant du précédent.
Gravé par Lépicié.

Toile. — H. 50 c. L. 43 c.

DROUAIS FILS

5 — Son Portrait.

Il est vêtu d'un habit rouge et poudré.
Signé et daté : 1764.

Né en 1727, Drouais était alors dans sa trente-septième année, dans toute la force de son talent et à l'époque où il était le plus recherché comme portraitiste par toutes les beautés de son temps, dont il saisissait à merveille toutes les minauderies et le teint d'emprunt.

Toile. forme ronde. — H. 47 c.

DROUAIS FILS

6 — Portrait de sa femme.

Elle est en costume de bergère, coiffée d'un chapeau de paille doublé de soie rose, corsage rose attaché par des rubans; à son col un velours noir soutenant une petite croix d'or.

Signé et daté : 1764.

Toile, forme ronde. — H. 47 c.

Nous signalons ces deux portraits qui se font pendants comme deux spécimens des plus réussis de ce maître aussi gracieux qu'habile.

DROUAIS FILS

(D'après)

7 — Une toute jeune fille, en corsage de gaze, à raies, et les bras ornés de bracelets, pose, sur la tête de son chien chéri, une couronne de fleurs.

Toile ovale. — H. 52 c. L. 44.

DROUAIS FILS

(D'après)

Pendant du précédent

8 — Une petite fille blonde, vêtue seulement de sa chemise, tient un chat dans ses bras, un chapeau de paille est accroché au dos de sa chaise.

Une note écrite derrière le châssis indique que ces deux copies ont été peintes en 1770.

Toile ovale. — H. 62 c. L. 44 c.

FYT

(École de)

9 — Des Prunes, des Abricots, des Figues et une grande Coupe en verre contenant des Fruits divers sont placés sur une table.

Toile. — H. 46 c. L. 36 c.

LANCRET

10 — Une jeune Femme jouant de l'eventail, accompagnée d'un jeune seigneur costumé en turc, regarde une statue représentant un Hercule bandant son arc.

Toile. — H. 40 c. L. 32 c.

NATOIRE

(Ch.)

11 — L'Enlèvement d'Europe.

Jupiter, ravi de sa conquête, s'élève avec elle sur un nuage, en la regardant avec bonheur ; son aigle est près de lui, quelques amours voltigent au-dessus d'eux.

Absorbé dans la contemplation de l'objet de sa tendresse, Jupiter ne s'aperçoit pas qu'il a été vu par Junon, qui traverse les airs sur un char traîné par des paons.

Au premier plan, le taureau, et **plus loin,**
Argus et son troupeau.

Signé à droite : **Ch. Natoire.**

Toile. — H. 96 c. L. 71 c.

NATOIRE

12 — Le Réveil de Vénus.

La déesse nonchalamment assise sur un lit de
repos, est entourée de nymphes qui s'occupent
des apprêts de sa toilette; à droite, au premier
plan, deux Amours se lutinent. Près du lit un
vase de fleurs.

Cette jolie composition est rendue avec le
charme et la fraîcheur du coloris qui distinguent
ce maître, l'un des plus gracieux de notre école.

Signé à gauche et daté : **1741.**

Toile. — H. 95 c. — L. 1 m. 26 c.

NATTIER

(Attribué à)

13 — Les quatre Saisons.

Sous ce numéro seront vendus quatre tableaux
dessus de portes, représentant les quatre saisons :
le Printemps, l'Été, l'Automne et l'Hiver, avec
leurs différents attributs, sont peints sous la
figure de quatre portraits de dames de l'époque,
la mère et les trois filles.

Provenant du château de Sully.

Toile carrée, coins arrondis. — H. 1 m. 10 c. L. 1 m. 20 c.

PATER

14 — Le Printemps.

Dans un parc, plusieurs jeunes couples et enfants se livrent aux plaisirs champêtres : la danse, les jeux et les fleurs.
Délicieux petit tableau.

Toile, forme ovale. — H. 40 c. — L. 54 c.

PATER

15 — Halte militaire.

Cette composition a été gravée par Pater.

Toile. — H. 62 c. L. 75 c.

PATER

16 — Le Bain.

Dans un site enchanteur, des jeunes femmes sont réunies et se livrent au plaisir du bain.

Toile. — H. 54 c. L. 75 c.

PATER

(Attribué à)

17— Reunion dans le Parc.

Une jeune femme habillée de satin rose et d'une tunique verte est couronnée par un berger, tandis qu'un autre, à genoux, lui offre une corbeille de fleurs, qu'elle semble accepter avec plaisir.

Divers groupes complètent cette composition. On aperçoit, à travers les arbres, des statues d'amours en marbre.

Toile. — H. 65 c. L. 1 m. 10 c.

ROSALBA

18 — Le Toucher.

Jeune Fille jouant avec une colombe.

Toile. — H. 65 c. L. 50 c.

ROSALBA

Pendant du précédent

19 — L'Ouie.

Jeune Fille tenant un cahier de musique et solfiant.

Toile. — H. 65 c. L. 50 c.

TÉNIERS

20 — Le Fauconnier

Au milieu d'une forêt, un jeune page s'avance,
portant sur le poing un faucon décapuchonné;
dans le fond d'autres chasseurs.

Au premier plan, deux petits chiens épagneuls.

Toile. — H. 1 m. 04 c. — L. 71 c.

TROY

(DE)

21 — Le Portrait donné.

Dans un boudoir Louis XV élégamment meu-
blé, une jeune et jolie femme à son petit lever,
debout devant sa toilette, habillée par sa camé-
riste, fait don, à un jeune seigneur, de son portrait, peint dans un médaillon entouré de perles.

Riches accessoires, coquets ajustements, charmante composition.

Signé en bas, à droite : De Troy.

Toile. — H. 81 c. L. 64 c.

TROY

(DE)

22 — Le Nœud d'épée.

Une jeune femme dans un déshabillé galant
est assise sur un grand canapé, près d'un jeune
gentilhomme qui la regarde avec tendresse.

Elle attache à son épée un nœud de soie; à droite, assise à terre, la soubrette range les **rubans dans un cartonnier rempli** de dentell .

Riche ameublement, ravissante composition retraçant avec fidélité les mœurs **aimables** de l'époque. Ces deux tableaux qui se font pendant sont en parfait état de conservation.

Signé en bas : De Troy, et daté : 1734.

Toile. — H. 81 c. L. 64 c.

WATTEAU

(De Lille)

23 — La Lecture.

Entouré de bergers et de bergères, l'un d'eux fait la lecture. A ses pieds, Médor, le chien fidèle. **Idylle inspirée par M. de Florian.**

Toile. — H. 54 c. L. 44 c.

ÉCOLE FRANÇAISE

— Portrait de femme.

Elle tient une clef d'or de la main droite, et de autre présente une **bague.**

Bois. — H. 81 c. L. 68 c.

ÉCOLE FRANÇAISE

25 — **Portrait de femme en robe bleue, écharpe rouge.**

Toile ovale. — H. 81 c. L. 65 c.

ÉCOLE FRANÇAISE

26 — **Danse villageoise.**

Ravissante petite composition.

Toile ovale. — H. 50 c. L. 54 c.

ÉCOLE FRANÇAISE

27 — **La Pâquerette.**

Toile ovale. — H. 38 c. L. 28 c.

ÉCOLE FRANÇAISE

28 — **Le Joueur de flûte.**

Toile ovale. — H. 38 c. L. 28 c.

?

29 — Le Concert et la Danse.

A la suite d'un repas sous le péristyle d'un grand château, des seigneurs et leurs dames se livrent au plaisir de la musique et de la danse.

Toile. — H. 1 m. 05 c. L. 1 m. 43 c.

ÉCOLE FLAMANDE

BACKUYSEN

(D'après)

30 — Marine.

Copie d'après le tableau original de L. Backuysen. (Collection de M. Michel Heine.)

H. 67 c. L. 88 c.

ÉCOLE ANGLAISE

?

31 — Tendre Sollicitude : Visite de la vieille amie.

Bois. H. 34 c. L. 41 c.

AQUARELLES ET MINIATURES

VAN DER GOES

32 — Scène galante, par les comédiens de l'Hôtel de Bourgogne, sous Louis XIV.

Signé à gauche : Van der Goes.

Gouache sur vélin. — H. 10 c. L. 13 c.

VAN DER GOES

33 — **Pendant du précédent.**

Vélin. — H. 10 c. L. 13 c.

?

34 — **Oiseaux morts, Fruits et Légumes au pied d'un arbre dans un parc.**

Miniature exécutée avec la plus grande finesse.

H.   L.

BIJOUX

ET

OBJETS D'ART

—————·····

DIAMANTS ET BIJOUX

35 — **Très-beau Collier** composé de soixante-une
belles perles fines et de sept belles perles poires.
Ces dernières sont reliées par des festons de
brillants. Le fermoir est orné d'un brillant.

36 — **Collier** composé de cent quatre-vingts belles
perles fines.

37 — **Deux très-beaux Pendants** d'oreilles en
brillants. Le haut est formé d'un gros brillant.
Dans le bas, un brillant de forme allongée est
entouré d'un ruban en brillants.

38 — **Beau Fermoir**, formé d'un rubis entouré
d'un joli motif d'ornement exécuté en brillants.

39 — **Quatre belles Étoiles** en brillants.

40 — **Deux Boutons d'oreilles** formés chacun d'un
brillant.

41 — **Petite Broche** formée d'une belle perle fine
entourée d'un rang de diamants, et pendeloque
formée d'un brillant.

42 — **Deux Pendants** d'oreilles, formés chacun
d'une belle perle fine.

43 — **Deux Pendants** d'oreilles en brillants, rubis,
émeraudes et perles fines.

44 — **Très-beau Brillant** monté en bague d'or
émaillé bleu.

45 — **Aigrette** ornée de petits brillants.

46 — **Deux Peignes** à bandeaux, ornés d'un rang de
brillants.

47 — **Epingle** de coiffure, ornée d'un oiseau et de
feuillages en or émaillé et diamants. Elle se
termine à sa partie inférieure par trois beaux
brillants.

48 — **Broche** formée d'un dragon dont le corps est
exécuté en émeraudes et opales ; la tête est ornée
de rubis et d'un diamant, et les ailes sont en
roses.

49 — **Très-petit Médaillon** orné de huit brillants
et bélière composée de trois petits diamants.

50 — **Grande Broche** à enroulements et ornements
en or, émaillée gros-bleu en partie, avec pendant, ornée de deux grosses perles et enrichie de
diamants.

51 — **Petite Bague** en or, avec chaton orné d'une
opale et de six beaux brillants.

52 — **Bague** en or, ornée d'un rubis et de dix petites
roses.

53 — **Parure** en or émaillé et brillants, composée
d'une petite Broche, de deux Pendants d'oreilles
et d'un bouton de collerette.

54 — **Face-à-main** en or émaillé bleu et découpé à
jour. Une de ses faces est enrichie de petits
brillants.

55 — **Deux Pendants** ornés chacun d'un grenat
cabochon entouré de dix petites roses de Hol-
lande et de deux perles fines.

56 — **Médaillon** en forme de cadenas, en or, plaqué de rubis et de roses.

57 — **Boucle** de forme ronde, en or, incrustée de vingt-quatre petits brillants.

58 — **Broche** formée d'une jolie peinture sur émail, à sujet de personnages en grisaille sur fond rose, du temps de Louis XVI ; monture en argent ciselé, à fleurs.

59 — **Médaillon** orné d'une peinture sur émail, entourée de perles fines, et pendeloque formée d'une perle fine, avec calotte en roses.

60 — **Bracelet** formé d'une large chaîne d'or et orné de trois camées, têtes de négresses, sur onyx à deux couches, avec coiffures ornées de roses et entourées de diamants et de rubis.

61 — **Bracelet** formé d'un serpent, en or. La tête est ornée d'une émeraude et de diamants.

62 — **Bracelet** en or gravé, orné d'une turquoise entourée de douze beaux brillants.

63 — **Bracelet** formé d'un cercle en or gravé, entouré par un serpent, exécuté en rubis et en émeraudes, et enrichi de roses.

64 — **Bracelet** en or émaillé gros bleu, orné d'une grosse perle et de quatre brillants.

65 — **Bracelet** composé d'anneaux en or émaillé bleu, foncé, ornés de perles fines et reliés par des grecques exécutées en diamants.

66 — **Bracelet** en or uni, orné d'une rosace et d'ornements exécutés en rubis et en diamants.

67 — **Bracelet** formé d'un serpent, en or, pavé de turquoises et enrichi de diamants.

68 — **Bracelet** en or émaillé bleu, orné d'une belle
opale entourée de rubans et d'un double rang
de diamants.

69 — **Bracelet** en or guilloché, émaillé rouge, avec
branchages et feuilles exécutés en diamants et
roses, et fruits formés de perles fines.

70 — **Bracelet** formé d'une longue chaîne serpent, en
or, avec fermoir formé d'un médaillon cœur en
or, émaillé bleu turquoise, enrichi d'une
branche de fleurs, exécutée en diamants.

71 — **Petite Broche** en argent ciselé : Chien en
arrêt.

72 — **Lot de Scarabées** montés en épingles d'or.
Quelques-unes des montures enrichies de très-
petites roses.

73 — **Trois Boutons** de chemise en or émaillé noir

ORFÉVRERIE

74 — **Grand et beau Plateau** de forme circulaire,
en vermeil, orné au pourtour d'une riche bordure à rinceaux de feuillages, découpée à jour,
de la plus belle ciselure. Le centre est occupé
par un écusson armorié, entouré d'une bordure
à feuillages, gravée et ciselée.

Pièce de la plus grande richesse et provenant
des ateliers de la maison **Storre et Mortimer, de
Londres.**

75 — **Service à Thé** en argent ciselé, à feuillages, et
composé de : une Bouilloire et son réchaud, une
Cafetière, une Théière, un Bol, un Sucrier et un
Pot à crème.

76 — **Deux beaux Plats ovales** en argent, à bords
ciselés, à ornements, et portant un chiffre cou-
ronné. Travail anglais.

77 — **Deux beaux Plats ronds** de mêmes modèle et
travail.

78 — **Deux grandes Cloches** ovales, de même
modèle.

79 — **Quatre Bouts de table** à double coquille, sur
troncs d'arbres, et terrasses rocaille, ornées
d'animaux. Travail anglais.

80 — **Quatre Dessous de carafes** en argent ciselé,
à branches de vignes, et découpés à jour. Travail
anglais.

81 — **Porte-Huilier** de mêmes style et travail, avec
burettes de cristal.

82 — **Moutardier** en argent repoussé, à ornements.
Travail anglais.

83 — **Deux jolis Plateaux** ronds, en vermeil,
à bords ciselés et repercés à jour. Travail
anglais.

84 — **Sucrier en argent**, à ornements repoussés,
ciselés et repercés à jour. Travail anglais.

85 — **Corbeille à pain** en argent ciselé et repercé à
jour.

86 — **Ménagère** à trois places, en argent ciselé.

87 — **Deux Boîtes à Thé**, de forme carrée, en
argent.

88 — **Plateau** à verre d'eau, en argent.

89 — **Plateau à lettres** en argent ciselé et gravé.

90 — **Un Ravier** et deux Jarres, de forme ronde.

91 — **Beurrier** avec couvercle et plateau en argent.

92 — **Porte-Moutardier** en argent.

93 — **Six Coquetiers** en argent ciselé.

94 — **Deux paires de Flambeaux** en argent, à ornements en relief. Ils seront vendus par paire.

95 — **Quatre Bougeoirs et Eteignoirs** en argent.

96 — **Seize Etiquettes** à vin, avec chaînettes.

97 — **Quatre Coquilles** sur pieds bas en argent.

98 — **Trois Ciseaux** à raisin, en vermeil.

99 — **Une Truelle** à poisson, en argent.

100 — **Deux Cuillers** à sauce et une cuiller à sucre.

101 — **Une Pince à asperges.**

102 — **Une Cuiller** à potage et deux cuillers à ragoût.

103 — **Service de Table** en argent, de forme contournée et ornements ciselés. Travail anglais. Il se compose de :

    Une grande Soupière avec couvercle.

    Quatre Légumiers à couvercles.

    Quatre Raviers.

    Trois Plats ovales, de différentes grandeurs.

    Deux Saucières.

    Quatre Coquetiers.

    Ce Service sera divisé.

109 — **Vingt-quatre grands Couverts** de table en argent ciselé.

110 — **Vingt-quatre Couverts** à entremets.

111 — **Vingt-quatre Couverts** à dessert.

112 — **Douze Fourchettes** à huîtres.

113 — **Vingt-quatre Cuillers** à café.

114 — **Douze Cuillers à œufs** et à sel.

115 — **Couvert à salade** en ivoire et manches en argent.

116 — **Quatre Services** à découper.

117 — **Petit Couvert** et couteau en vermeil.

118 — **Tasse à déjeuner** en vermeil, à fleurs et ornements en relief.

119 — **Dix Casse-noix** en fer argenté, et manches en argent.

TABATIÈRES ET BONBONNIÈRES

120 — **Charmante petite Boîte ovale** en or émaillé en plein, à médaillons, sujets champêtres, réserves décorées de paysages en camaïeu rouge et autres imitant l'agate herborisée et fond gravé à fleurs et feuillages réservés en or, sur fond d'émail vert translucide (époque Louis XV).

121 — **Petite Boîte ovale** en vernis Martin, décorée de sujets de personnages, dans le style de Teniers, et de paysages, avec encadrements d'ornements rocaille dorés. Monture à gorge à charnière en or (époque Louis XV).

122 — **Boîte carrée**, à angles arrondis, en vernis Martin, décorée de figures, dans le style Watteau, et de fleurs sur fond rouge. Monture à gorge, à charnière, en argent doré.

123 **Boîte ovale** en vernis Martin, à fond rouge uni, montée à gorge à charnière, et galonnée d'ornements en or gravé et découpé à jour. Le dessus est orné d'une peinture sur émail de Genève, représentant une jeune femme et son enfant. La boîte date du temps de Louis XV.

124 — **Bonbonnière ronde** en or guilloché et ciselé, à chaînettes (époque Louis XV).

125 — **Boîte longue** à bouts arrondis en vernis Martin, à fond d'or, décorée sur le couvercle d'un sujet champêtre dans le style Teniers et au pourtour de paysages. Cette pièce est enrichie d'incrustations d'or, ornements et fleurs. La charnière et le bec sont en or (époque Louis XV).

126 — **Boîte à cure-dents**, garnie en bas or et ornée de deux miniatures en grisaille, attribuées à De Gault et représentant des jeux d'enfants (époque Louis XVI.

127 — **Boîte ronde** en nacre, montée à gorge en vermeil et le dessus orné d'une jolie miniature Louis XV sur ivoire, portrait de femme.

128 — **Petite Boîte ovale** en cristal de roche, fracturée ; montée à gorge à charnière en or.

129 — **Petite Boîte ovale** en cristal de roche, montée en vermeil.

130 — **Drageoir ovale** en or ciselé à fleurs. Le dessus est en cristal de roche ; le fond manque (époque Louis XV).

131 — **Boîte ronde** en ivoire, ornée d'un groupe de deux figures en ivoire, sculpté et découpé, rapporté sur un fond d'étoffe (époque Louis XV).

132 — **Boîte longue** en cuivre doré (époque Louis XV).

133 — **Très-petite Boîte** à mouchés, en cuivre repoussé et doré (époque Louis XV).

BIJOUX ANCIENS

134 — **Étui Louis XV** en or repoussé, en forme de carquois, décoré d'ornements rocaille et de fleurs.

135 — **Belle Châtelaine Louis XV** en or de couleur, ciselé, à figures et ornements. Elle est accompagnée d'une petite montre, d'une clef et d'un petit vase cassolette de même travail.

136 — **Bel Eventail Louis XV** en nacre sculptée et dorée, avec feuille finement peinte, representant Mars, Vénus et les Amours.

137 — **Autre Eventail Louis XV** en nacre de perle, avec feuille peinte : Réunion dans un parc.

139 — **Eventail** en ivoire et feuille peinte : Scène de la comédie italienne.

140 — **Petite Coupe ovale** en agate, avec monture en argent, gravé et doré, incrustée de lapis et enrichie de demi-perles.

141 — **Deux grands Pendants d'oreilles**, style Renaissance, en argent doré, à ornements repercés à jour et mascarons.

142 — **Couteau pliant**, à manche en fer gravé, doré
et argenté.

143 — **Modèle de Psyché** avec cadre et support en
argent ciselé et doré.

144 — **Porte-Cartes** en vermeil, garni de velours bleu
et enrichi d'appliques en argent ciselé et doré.

145 — **Deux jolies Miniatures** sur ivoire, attribuées
à **Hall** : Portraits d'homme et de femme. Elles
sont encadrées d'or et de demi-perles et montées
sur une boucle en vermeil.

146 — **Miniature ovale** sur vélin : Portrait de femme
en costume du temps de Louis XIV; monté
sur un carnet porte-tablettes en ivoire.

147 — **Jolie Miniature ronde** sur ivoire, attribuée
à Charlier, d'après Boucher : Nymphes se bai-
gnant, surprises par un Cygne.

148 — **Miniature ovale** sur vélin : Portrait de jeune
homme portant la perruque à rallonges, du
temps de Louis XIV.

PORCELAINES DE SÈVRES

149 — **Grande et belle Jardinière** de forme oblongue et à contours, à double compartiments, en
ancienne porcelaine de Sèvres, pâte tendre, fond
gros bleu caillouté d'or, rehaussé de rubans
et de festons de lauriers, émaillés vert pomme
et encadrés d'or. Cette belle pièce est enrichie
sur la face principale d'un grand médaillon

renfermant un groupe de deux Amours,
d'après Boucher (époque Louis XV), lettre
F. 1758.

Larg. 32 cent.

150 — **Deux jolis petits Vases**, forme tulipe, en
ancienne porcelaine de Sèvres, pâte tendre,
fond bleu turquoise, à médaillons de fleurs et
décors d'or (époque Louis XVI). Ils ont été
montés sur des socles en bronze, doré au mat.

Haut. sans socle, 19 cent.
Haut. avec socle, 24 cent.

151 — **Joli Porte-Fleurs** simulant un piédestal carré
en ancienne porcelaine de Sèvres, pâte tendre,
fond vert pomme, à médaillons d'oiseaux (époque Louis XV).

Haut. 14 cent.

152 — **Deux jolies petites Jardinières** de forme
carrée, en ancienne porcelaine de Sèvres, pâte
tendre, fond bleu turquoise, quadrillé d'or et
médaillons d'oiseaux (époque Louis XV).

153 — **Joli Pot à pommade**, à couvercle en ancienne porcelaine de Sèvres, pâte tendre, fond
bleu turquoise, à œils-de-perdrix et à médaillons, paysages et attributs champêtres (époque
Louis XV).

154 — **Écuelle**, à deux anses, avec couvercle et plateau
en ancienne porcelaine de Sèvres, pâte tendre,
décorée de figures d'Amours en camaïeu rose,
d'après Boucher (époque Louis XV).

155 — **Grande et belle Tasse**, modèle litron, à deux
anses, avec couvercle et plateau, en ancienne
porcelaine de Sèvres, pâte tendre, fond gros

bleu, décorée d'ornements d'or, et parties réservées, en blanc, décorées de fleurs (époque Louis XV). Lettre E. 1757.

156 — Tasse et Soucoupe de forme arrondie, en ancienne porcelaine de Sèvres, pâte tendre, décorée de bandes émaillées, bleu turquoise, rehaussées d'or et entre-deux de fleurs peintes (époque Louis XV).

157 — Tasse et Soucoupe de décor analogue à celle qui précède.

158 — Tasse et Soucoupe de forme arrondie, en ancienne porcelaine de Sèvres, pâte tendre, fond gros bleu et œils-de-perdrix d'or, décorée d'oiseaux et de fleurs (époque Louis XV).

159 — Tasse et Soucoupe en ancienne porcelaine de Sèvres, pâte tendre, de forme arrondie, fond vert, rehaussé d'or et médaillons, vase de fleurs, groupe de fruits et oiseaux (époque Louis XV).

160 — Joli Plateau d'Ecuelle en ancienne porcelaine de Sèvres, pâte tendre, fond bleu turquoise, décoré de médaillons, Sujets champêtres à figures, d'après Boucher (époque Louis XV).

161 — Petit Plateau carré, en ancienne porcelaine de Sèvres, pâte tendre à bord émaillé gros bleu, caillouté d'or et médaillon. Attributs champêtres dans un paysage (époque Louis XV).

162 — Ecritoire en ancienne porcelaine de Sèvres, pâte tendre, fond bleu turquoise et médaillons. Attributs champêtres ; monture en bronze doré.

163 — Deux Groupes en biscuit de Sèvres, composés chacun de quatre figures : la bonne Mère et le Déjeuner.

164 — **Deux petits Vases** de forme surbaissée, en porcelaine émaillée, bleu au grand feu, montés à anses, socle et gorge de style rocaille en bronze doré.

165 — **Deux Plats ronds** à bords festonnés en porcelaine de Sèvres, pâte tendre; décor moderne, fond bleu turquoise, à sujets de personnages, et médaillons de fleurs.

166 — **Pot à pommade** de forme droite, à couvercle, en ancienne porcelaine de Sèvres, pâte tendre, fond bleu turquoise, rehaussé d'ornements d'or, et décoré de médaillons d'oiseaux (époque Louis XV).

167 — **Cassolette** forme œuf, en ancienne porcelaine tendre de Sèvres, décorée d'ornements et de fleurs et montée à gorge, à charnière en or, gravé (époque Louis XV).

168 — **Deux petits Sucriers** en ancienne porcelaine de Sèvres, pâte tendre, fond bleu de Vincennes, et médaillons d'oiseaux (époque Louis XV).

169 — **Tasse**, forme droite, avec soucoupe en ancienne porcelaine de Sèvres, pâte tendre, décorée de rubans bleus, auxquels sont appendus des festons de fleurs (époque Louis XV).

170 — **Sucrier**, de forme arrondie, du même décor que la tasse qui précède.

171 — **Tasse**, de forme arrondie, avec soucoupes en vieux Sèvres, pâte tendre, décorée de festons de fleurs (époque Louis XV).

172 — **Trois Tasses**, forme droite, avec soucoupe en ancienne porcelaine de Sèvres, pâte tendre, décorées de fleurs en camaïeu rose (époque Louis XV).

173 — **Ecritoire** en porcelaine tendre, fond bleu turquoise et fleurs, et montée en bronze doré.

174 — **Bougeoir**, formé d'une soucoupe en ancienne
porcelaine de Sèvres, pâte tendre, décorée de
festons de fleurs, et monté en bronze doré.

175 — **Deux Jardinières**, forme éventail, en porcelaine tendre, fond bleu turquoise, et médaillons
de personnages et fleurs.

176 — **Ecritoire**, de forme oblongue, en porcelaine
tendre, fond bleu turquoise, à figure d'amour
et fleurs, montée sur dauphins en bronze doré.

177 — **Salière à trois places**, en porcelaine de
Sèvres, pâte tendre, fond bleu turquoise et
fleurs.

178 — **Petite Coupe ronde** en vieux Sèvres, pâte
tendre, fond vert et gros bleu, rehaussé d'or,
décorée d'une figure de jeune fille dans un
paysage, d'après Boucher. Monture moderne,
en bronze doré.

PORCELAINES DE SAXE

179 — **Charmante Pendule**, du temps de Louis XV,
ornée d'un beau groupe de trois figures en
ancienne porcelaine de Saxe, monté sur un
socle rocaille en bronze doré. Le mouvement
de *Gudin le jeune*, à *Paris*, est place au milieu
de branchages de bronze garnis de fleurs de
porcelaine et surmonté d'un chat en vieux Saxe.

180 — **Deux jolis Candélabres**, à deux lumières, en bronze doré, modèle rocaille, et branchages garnis de fleurs de porcelaine. Ils sont enrichis chacun d'une figurine en vieux Saxe, placée sous un bosquet en cuivre doré (époque Louis XV).

181 — **Quatre beaux Groupes** en ancienne porcelaine de Saxe, représentant les Saisons et composés chacun de quatre Figures d'enfants. Ils sont montés sur des socles rocaille en bronze ciselé et doré, et deux d'entre eux forment Candélabres à quatre lumières.

182 — **Deux belles Girandoles**, à quatre lumières, en ancienne porcelaine de Saxe formées de flambeaux à tiges triangulaires, ornés de mascarons et de festons de lauriers en relief dorés, supportant des branches porte-lumière reliées par des festons de lauriers et au centre desquelles est un Vase ovoïde décoré à l'imitation du porphyre (époque Louis XVI).

183 — **Beau Groupe**, en ancienne porcelaine de Saxe, composé d'un éléphant debout sur lequel est assis un personnage costumé à l'orientale. Un cornac négrillon est assis sur la tête de l'animal. Belle qualité.

184 — **Belle Coupe**, à quatre lobes, en ancienne porcelaine de Saxe, décorée de médaillons sujets champêtres, dans le style de Watteau, encadrés d'or (époque Louis XV).

185 — **Deux très-jolies Poudrières**, en forme de baril, avec plateaux ronds, en ancienne porcelaine de Saxe, à fond bleu semé de fleurs de lys d'or et portant les armes de France surmontées de la couronne royale. Ces pièces sont de plus

décorées de médaillons de paysages d'une grande
finesse d'exécution. Pièces de la plus grande
rareté.

186 — **Joli Lustre**, en forme de corbeille, en ancienne
porcelaine de Saxe, décorée de médaillons de
personnages et à ornements découpés, d'où
s'échappent douze branches porte-lumières en
bronze doré, garnies de fleurettes de porcelaine.
Modèle rare.

187 — **Deux Bras-Appliques**, à deux branches
porte-lumières, en cuivre peint, à feuillages
verts et fleurettes de porcelaine et bosquets
ornés chacun d'une figurine en ancienne porcelaine de Saxe.

188 — **Figurine** en ancienne porcelaine de Saxe : le
Marchand d'orviétans.

189 — **Autre Figurine** en ancienne porcelaine de
Saxe : Jocrisse. Sur socle rocaille en bronze
doré.

190 — **Deux jolis petits Flambeaux** en ancienne
porcelaine de Saxe, modèle rocaille, à fleurs
en relief et fleurs peintes.

191 — **Petit Plateau**, de forme arrondie, à contours,
en ancienne porcelaine de Saxe, décoré d'un
groupe de deux Figures dans le style de Watteau.

192 — **Deux petits Brûle-Parfums**, forme cassolette, en porcelaine moderne de Saxe.

PORCELAINES DE CHINE

193 — Beau Vase, de forme balustre, à col droit, en ancienne porcelaine craquelée et émaillée vert de la Chine. Il est garni d'une monture en bronze doré, du temps de Louis XVI, composée d'un socle ciselé à rosaces et de deux anses formées de draperies.

Haut. 33 cent.

194 — Deux Jardinières ou Vases, de forme carrée, en ancienne porcelaine de Chine, décorées de Figures en relief et émaillées en couleurs et or. Monture rocaille en bronze doré.

195 — Joli petit Vase, de forme droite, en ancienne porcelaine de Chine, composé de branches de pêchers émaillées en couleurs et découpées à jour. Il est monté sur un pied et garni d'une galerie en bronze ciselé et doré au mat.

196 — Grand et beau Plat, en ancienne porcelaine de Chine, décoré de fleurs en émaux de la famille verte.

197 — Deux Lampes, de forme potiche, en ancienne porcelaine du Japon à décor de fleurs et paysages en bleu, rouge et or. Monture en bronze doré à socle et gorge.

198 — Deux Jardinières, à pans, en porcelaine de Chine, décorées de paysages en camaïeu bleu.

199 — Théière, en terre rouge de Boccaro, à médaillons de fleurs repercés à jour.

MARBRES ET BRONZES D'ART

200 — **Marbre blanc**. — Deux charmantes Statuettes : Baigneuses assises, attribuées à **Falconnet**. Socles en marbre blanc à cannelures dorés.

Haut. totale, 29 cent.

201 — **Marbre blanc**. — Deux jolis Bustes : Satyre et Femme Satyre, petite nature, du temps de Louis XV. Ils reposent sur des socles en bois noir et bronze et sur des piédestaux en bois d'érable et bois noir garnis de bronze et enrichis, sur chacune de leurs faces, d'une plaque de porcelaine fond bleu turquoise, et décorée d'amours.

Haut. des bustes, 55 cent.
Haut. des piédestaux, 85 cent.

202 — **Deux jolis petits Groupes** du temps de Louis XVI, en bronze, composés chacun de deux figures d'amours se disputant un cœur et une fleur. Sur socles en marbre blanc ornés de rinceaux et de mascarons en bronze ciselé et doré.

Haut. 31 cent.

———

BRONZES D'AMEUBLEMENT

203 — **Jolie petite Pendule** Louis XVI, à cadran tournant, forme vase à deux anses, têtes de satyres, et reposant sur un socle carré à angles

coupés, en bronze doré au mat. Le socle est orné de quatre plaques de jaspe. Un serpent entourant le piédouche du vase sert à marquer les heures.

Haut. 41 cent.

204 — **Deux jolis Chenets** style Louis XVI, en bronze ciselé et doré au mat, modèle à cassolette supportée par trois pieds à têtes de lion, reliés par des festons de fleurs, sur socles cannelés et galerie ornée de bas-reliefs à rinceaux et rosaces.

Larg. 40 cent.

205 — **Grand Lustre**, style Régence, en bronze doré, à vingt-sept lumières, modèle à consoles et branches à mascarons reliés à leur partie inférieure par des guirlandes de fleurs.

206 — **Deux grandes et belles paires de Bras**, à douze lumières chacun, modèle rocaille, en bronze doré, et enrichis d'un dragon ailé.

207 — **Deux jolis petits Flambeaux** du temps de Louis XVI, modèle à trépieds, reliés par des festons de lauriers, en bronze ciselé et doré.

Haut. 17 cent.

208 — **Deux petits Chenets** Louis XVI, en bronze, modèle à vase. festons de fleurs et draperies.

209 — **Deux petits Flambeaux** bas, de style rocaille, en bronze doré, ornés chacun d'une figurine d'enfant.

210 — **Petit Flambeau** de bureau, à deux lumières, en bronze ciselé et doré au mat, style Louis XVI.

211 — **Deux Candélabres** de style Louis XVI, en bronze doré, formés chacun d'une figure d'amour debout, portant un bouquet de lys, à à cinq lumières.

212 — **Très-jolie Pendule** du temps de Louis XVI, en porcelaine, avec socle long, enrichi de plaques en biscuit, à ornements en relief sur fond bleu. Le mouvement est surmonté d'un vase orné de festons de fleurs que soutiennent deux cariatides de femmes ailées, en bronze vert, se terminant par des ornements en bronze doré.

Haut. 37 cent. Larg. 50 cent.

213 — **Deux petits Candélabres** de style Louis XVI, formés chacun d'une cariatide de femme ailée, en bronze vert, se terminant par des enroulements dorés, et tenant un thyrse d'où s'échappent trois branches, porte-lumières en bronze doré au mat. Le socle, en bronze bleui et doré, est orné d'un médaillon, en biscuit de Sèvres, à figures blanches sur fond bleu.

Haut. 47 cent.

214 — **Belle Lanterne** Louis XV, en bronze doré, à ornements rocaille et guirlandes, et enrichie de fleurettes de porcelaine blanche.

215 — **Deux Flambeaux** de style Louis XVI, à tige en porcelaine gros bleu et monture en bronze doré.

216 — **Deux Chenets** en bronze : Enfants se chauffant (Style Louis XVI).

OBJETS VARIÉS

217 — **Petit Coffret** de forme oblongue, à couvercle à gorge et angles rentrants, en bois de rose, orné de six miniatures sur vélin, représentant des paysages avec figures, et provenant probablement d'une tabatière.

218 — **Deux petits Vases** à couvercle, forme droite, en laque aventuriné du Japon, et décor d'or.

219 — **Deux Porte-Allumettes**, de forme hexagonale, en laque aventuriné du Japon, à décor d'or et montés à anses et pieds à griffons en bronze doré.

Haut. 20 cent.

220 — **Petit Plateau** oblong, de même style et monté de même.

Larg. 18 cent.

221 — **Jeu d'Échecs** en ivoire sculpté. Travail chinois.

222 — **Autre jeu d'Echecs** en ivoire sculpté, plus riche. Travail chinois.

223 — **Flacon** en forme d'animal, en verre brun jaunâtre.

MEUBLES

224 — **Très-jolie Jardinière** de forme ovale, reposant sur quatre pieds cannelés, en marqueterie de bois de rose et garnie de bronzes ciselés et dorés.

Elle est enrichie, au pourtour, de huit belles plaques en ancienne porcelaine de Sèvres, pâte tendre décorées de jetés de roses et à bords bleu turquoise rehaussés d'or.

L'entre-jambes en bronze doré, rapporté ultérieurement, est orné à son centre d'un joli vase, forme litron, en vieux Sèvres, pâte tendre, fond bleu turquoise, et décoré de médaillons de roses.

Il est garni d'une jolie monture à deux anses, piédouche et gorge en bronze ciselé et doré.

Le couvercle de cette belle pièce en cuivre doré, et de forme conique, est garni de cent belles fleurs rapportées, en vieux Sèvres, et surmonté d'une figurine d'amour en bronze doré (Époque Louis XV).

225 — **Charmante petite Table** en bois de rose, à quatre pieds cintrés, garnie de bronzes rocaille, finement ciselés et dorés. Le dessus et la plaque d'entre-jambes également en bronze ciselé et doré, sont ornés d'une plaque et d'un plateau en porcelaine tendre, fond bleu turquoise, et décorés de figures d'enfants dans des paysages.

226 — **Charmante petite Table Tricoteuse** à trois tablettes et pieds à jour, en bois de citron incrusté de bois d'amaranthe, garnie de bronze très-finement ciselé et doré au mat, et enrichie au pourtour de quantité de petits médaillons en biscuit de Sèvres, à figures et ornements réservés en blanc sur fond bleu. Ces médaillons sont encadrés d'ornements très-fins en bronze doré.

Travail précieux du temps de Louis XVI, attribué à **Riesener.**

227 — **Deux jolies Consoles** du temps de Louis XVI, de forme légèrement cintrée, en bois sculpté et doré, supportées par des volutes élégantes reliées par des entre jambes surmontés d'un vase. Dessus en marbre blanc à moulure.

228 — **Pendule** et son socle de suspension, en marqueterie, d'écaille et cuivre, garnie de bronzes dorés, Époque Louis XIV.

229 — **Joli Bureau** à cylindre, de style Louis XVI, en
marqueterie de bois de rose, à rosaces, et garni
d'ornements de bronze finement ciselé et doré
au mat.

230 — **Coffret oblong**, du temps de Louis XV, en
bois de placage, et garni de bronzes rocaille
dorés.

231 — **Petite Table-Bureau** du temps de Louis XVI,
avec tablette d'entre-jambes en bois de citron,
et perles en bronze doré.

232 — **Grand et très-beau Coffre** de forme oblongue,
à angles coupés, en ancien laque du Japon,
décoré de paysages avec figures en or, en relief
sur fond noir, et enrichi de parties burgautées.
Il est garni de quelques ornements du temps de
Louis XVI, en bronze ciselé et doré.

233 — **Petit Guéridon** à trépied, en bois de rose, garni
de bronzes dorés.

234 — **Joli petit Bureau**, bonheur du jour, en bois
de citron, garni de bronzes, et à deux portes
ornées de plaques ovales en biscuit de Sèvres,
à figures blanches sur fond bleu. Époque
Louis XVI.

235 — **Paravent** à six feuilles peintes, et monture en
bois sculpté et doré.

236 — **Joli Paravent** à cinq feuilles en bois sculpté et
doré, offrant sur une de ses faces de jolies pein-
tures représentant des fleurs et des ornements.
L'autre face est garnie de velours à parterre à
dessins verts sur fond blanc. Époque Louis XV.

237 — **Beau Guéridon** rond, formé d'une belle
mosaïque de Rome, représentant Saint-Pierre
de Rome, entourée des principaux monuments

de la Ville Éternelle. Le pied, entièrement en bronze doré, se compose de trois dauphins enlacés, supportant une sphère sur laquelle reposent trois aigles tenant dans leurs serres des branches de lauriers.

238 — **Deux jolis petits Secrétaires**, de forme contournée et en hauteur, en marqueterie de bois d'amarante, sur fond de bois de rose, et garnie d'ornements rocaille en bronze ciselé et doré. Dessus de marbre blanc.

239 — **Deux Meubles** vitrines en bois de rose, garnis de bronzes rocaille dorés, et reposant sur des tables ornées de plaques de porcelaine à fond vert, décorées de fleurs. Style Louis XV.

240 — **Table-Bureau**, de style Louis XVI, en marqueterie de bois à quadrilles sur fond d'érable, et garnie de bronzes dorés. Dessus de velours bleu.

241 — **Table-Bureau**, en marqueterie de Boule, cuivre et écaille, première partie garnie de bronze doré. Le dessus offre à son centre un échiquier exécuté en nacre et en ébène. Style Louis XIV.

242 — **Petite Table** à ouvrage, de forme ovale, à quatre pieds, reliés par une tablette d'entre-jambes, en bois de rose, garnie de bronze doré. Le dessus est orné d'une plaque en porcelaine tendre, fond bleu turquoise et médaillon marine. Style Louis XV.

243 — **Petit Paravent** en bois de rose, garni sur ses deux faces de feuilles de soie décorées de vases de fleurs et d'oiseaux. Époque Louis XV.

244 — **Deux jolies Consoles** de suspension, en bois sculpté et doré, ornées de têtes de génies en ronde-bosse. Époque Louis XV.

245 — **Joli Coffret** en bois de rose, garni d'ornements rocaille en bronze ciselé et doré. Époque Louis XV. Il renferme quatre flacons en cristal, avec bouchons formés de couronnes de comte. en vermeil.

246 — **Joli Meuble** de salon, style Louis XVI. en bois sculpté et doré, couvert de tapisserie à fond vert d'eau, et médaillons vases de fleurs, encadrés d'ornements. Il se compose de : trois canapés. en deux dimensions. six fauteuils, quatre chaises et un écran.

247 — **Huit Cantonnières** en tapisserie, à dessin de fleurs et ornements et portant un chiffre composé de deux P enlacés. Elles sont accompagnées de leurs galeries dorées.

248 — **Écran** en tapisserie du même style que les tapisseries qui précèdent. La monture, en bois sculpté, est dorée et rehaussée de blanc.

249 — **Dix grands Rideaux** en damas de soie jaune doublés de soie blanche et accompagnés de leurs embrasses et autres accessoires.

250 — **Six grands et beaux Rideaux** en étoffe de soie ancienne, à fleurs brochées sur fond blanc. Ils sont accompagnés de trois cantonnières à galeries dorées et autres accessoires.

251 — **Meuble-Vitrine**, à deux portes, en bois de rose et garni de bronzes.

252 — **Quatre Rideaux** pour portières, et trois lambrequins, dont deux avec bonnes-grâces ; le tout en tapisserie d'Aubusson, à sujets de fleurs et animaux ; le bord est à fond rouge.

253 — **Deux très-grandes Bibliothèques** en bois noir, garnies de bronzes et de colonnettes détachés, aux angles. Elles ferment chacune à deux portes vitrées.

254 — **Deux Tables** de même travail que les bibliothèques qui précèdent.

255 — **Grande Table** ronde, de mêmes style et travail.

256 — **Beau Piano** droit, de Pleyel, à sept octaves, avec caisse en bois de rose, garnie de bronzes dorés.

257 — **Petite Jardinière**, à pieds cintrés, en bois de rose, garnie d'ornements rocaille, en bronze ciselé et doré. Époque Louis XV.

258 — **Table-Bureau**, de forme contournée, en bois de rose, garnie d'ornements de bronze et de vingt-deux plaques en porcelaine tendre.

259 — **Table** analogue a celle qui précède. Celle-ci est garnie de vingt-quatre plaques en porcelaine tendre.

V⁰ˢ Renou, Maulde et C ᵏˣ, impr⁰ de la Compagnie des Commissaires-Priseurs, rue de Rivoli, 144.   29703